Besucht in Jena
am 11.08.2000

Klaus Elle
Erleuchtungen

Herausgegeben von Erik Stephan
für die
Städtischen Museen Jena

Galerie im Stadtmuseum
9. Juli - 10. September 2000

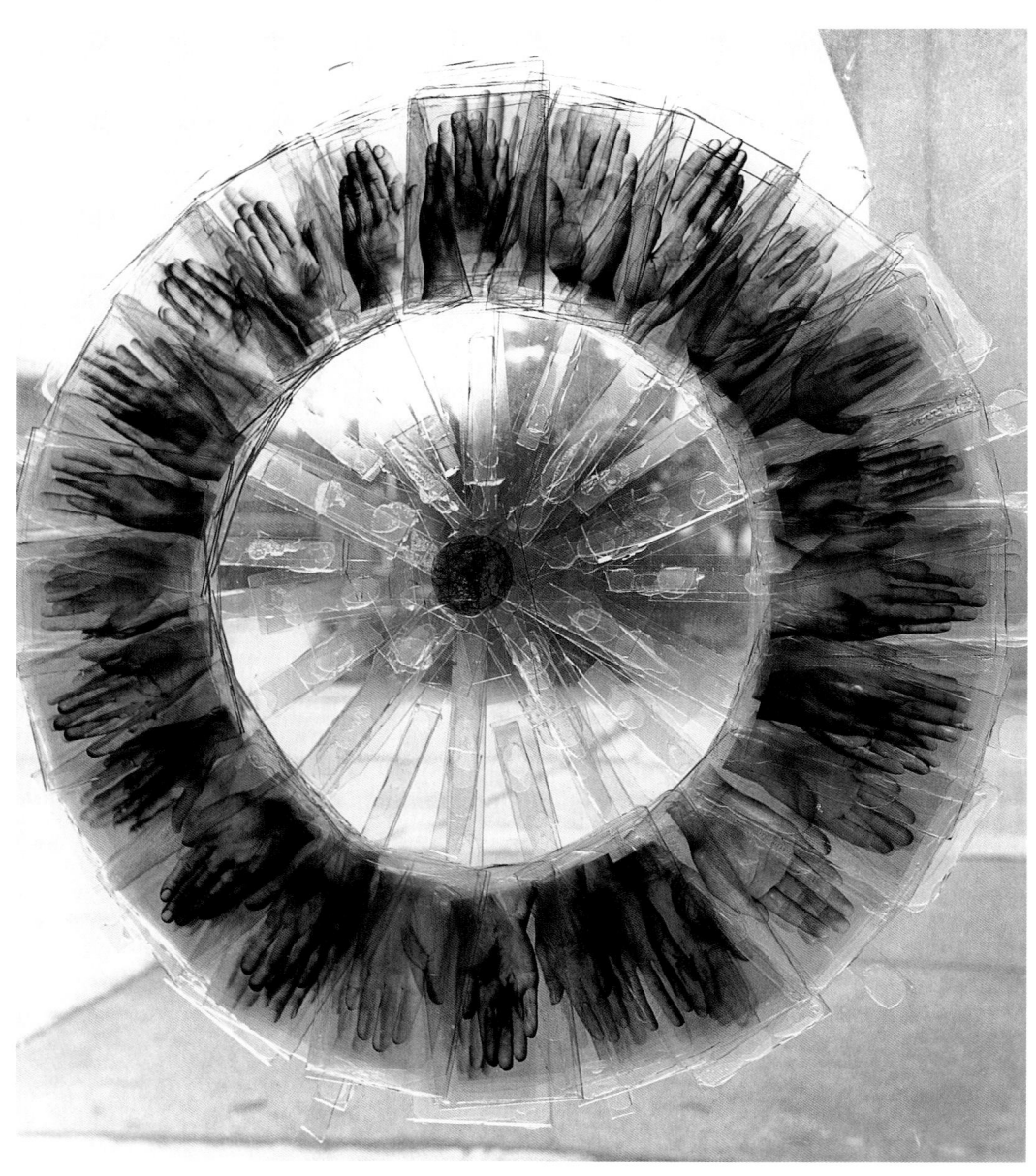

Energiewandler, 1998
Fotoskulptur
Glas, Metall, Wolle, Diapositive
190 x 60 cm

Erik Stephan
Einfall und Erleuchtung
Bilder und Installationen von Klaus Elle

„Erleuchtungen" nennt Klaus Elle die bisher umfangreichste Folge seiner fotografischen Blätter und beschreibt damit paradigmatisch den Weg seiner Kunst. Doppelbödig in Handwerk und Philosophie verstrickt, verweist der Titel von der Entstehung als einem vom Einfall des Lichtes bestimmten technischem Prozeß in jenen tragenden Bogen der Deutung, der bei Elle in nahezu mythischer Bezogenheit den eigenen Umsturz in die Welt untersucht, sichtbar in die Diktion der Aufnahme zurückwirkt und den Bildern damit ein Erzählen aufgibt, das den Betrachter einnimmt und aus der Reproduktion des Alltäglichen hin zur Ausleuchtung der eigenen Existenz führt.
Elle reizen die Schnittstellen zum Visionären, zu einer Organik und Fülle, die der regressiven Mechanik einspuriger Weltbetrachtung entflieht und in bisweilen alchemistischen Grenzüberschreitungen dem umfassenden Sinn menschlicher Existenz in ganzheitlichen Zusammenhängen nachspürt.

Der Künstler ist 1954 in Leipzig geboren und arbeitet nach einer Lehre als Offsetretuscheur an der Technischen Universität Leipzig. Hier fotografiert er im Broterwerb – der Anschub zur Kunst wächst parallel und mündet 1976 in ein Studium der Fotografie bei Joachim Jansong an der Leipziger Hochschule für Grafik und Buchkunst. Elles Verständnis der Fotografie als einer von mehreren Möglichkeiten des Bildnerischen, die, wie Malerei auch, persönlichen Zeichensetzungen gehorcht, lenkt ihn nahtlos in ein Meisterstudium der experimentellen Malerei bei Heinz Wagner (*1925) und Hartwig Ebersbach (*1943) an der Leipziger Hochschule. Schon während dieser Jahre ist Elle freischaffend in Leipzig tätig, hat Ausstellungen in Dresden, Bremen, Zürich und gehört auch zu jenen, die in der legendären Leipziger Hinterhofgalerie „Eigen+Art" ausstellen. Neben verschiedenen Beteiligungen an Samisdat-Produktionen, in denen die Situation der ostdeutschen Kunst staatsfern und markant wie nirgends sonst beschrieben ist, arbeitet Elle in Musik- und Performance-Aktionen mit anderen, etwa mit Joe Sachse (*1949), Thomas Florschuetz (*1957) und Micha Brendel (*1959), zusammen. 1988 erfolgt der Umzug nach Hamburg – Elle verläßt das ostdeutsche Bermuda-Dreieck zwischen Leipzig, Dresden und Berlin.

Wenn Erkenntnis einfällt ist Erleuchtung: Das biblische Heil umflattert den glaubenden Atheisten und das Depot der Bedeutungen hat Konjunktur. Doch ganz so wie Landschaft auf kurvenreichem Wege in Ein- und Durchdringungen sich immer anders neu entbietet, entfesselt Elle aus dem Abgleich wechselnder Perspektiven einen Mikrokosmos, dessen Sinn in der Suche um die fortschreitende Erkenntnis des eigenen Seins einem nüchternen und im Grunde traditionellem Impuls der Aufklärung folgt. Das Vokabular des Künstlers bleibt zielgerichtet auf den menschliche Körper beschränkt, selten nur fällt Landschaft ein – Natur hingegen ist ein Mysterienspiel mit vielen Unbekannten, durchkurvt von zeichenhaften Geometrien, die deutbar und denkbar das zu knapp gegriffene Spiel unseres Seins ins Phantastische dehnen.

Haut und Knochen II, 1992
Fotoskulptur
Sackleinen, Metall, Röntgenbilder
200 x 400 x 100 cm

Die Quelle, 1993
Installation
Schrank, Steine, Wasser u.a.
180 x 120 x 40 cm

Klaus Elle ist kein Knipser, nicht Reporter und keiner jener Produzenten, die in raschen Ablichtungen ein oft nur kleines Glück überbelichten und in teure Formate stülpen. Hier wird kein crossover mit Bandmaschine, Autofocus und elektronischer Politur gegeben, dem die Wirklichkeit nachläuft, weil Fraglosigkeit das Tempo anheizt und der Gewinn allenfalls in den Debatten der Ästhetiker als Zugewinn verhandelt wird. Elles Bilder sind auffällig anders – mit Bedacht gemacht und komponiert im Schrittmaß individueller Einbindung, die, fern allen Entertainments und glatter Beliebigkeit, nur folgerichtig den Künstler selbst in die Zentralperspektive der Bilder rückt: Ein Paparazzo im Gehege des eigenen Ich. Kein Wilderer also, vielmehr ein schürfender Erforscher, begabt mit jener geistigen Disposition des aufmerksamen Beobachters, der sieht und sucht und bei aller Stringenz im künstlerischen Werk dem umgleitenden Wirbel der Möglichkeiten offen begegnet.

„Erleuchtung" meint jene Suche nach Erkenntnis, die sehend über die Qualität bloßen Wissens hinauswächst und in Überlappungen und Durchdringungen nach einem menschlichen Zugewinn forscht, der von einer ganzheitlichen Suche hintergründig illuminiert ist.
Die Folge der „Erleuchtungen" zählt bisher mehr als 100 Arbeiten, die bereits 1987 einsetzen und das gesamte Werk mit übergreifender Konstanz begleiten. Ein „work in progress", ein Refugium, ein Hort der Sammlung und Konzentration – in dem die Antriebe zur Kunst immer neu befragt, geläutert und umschmiedet werden. Die Wiederholung bestätigt ein Motiv: Die Beziehung von Figur und Raum. Dabei ist Elle dem Einfluß des Malerischen stets offen, ganz gleich ob er mit einer Handlampe in die Langzeitbelichtung der geöffneten Kamera hinein- oder später die Fotografie übermalt: Die Durchdringung und Überlagerung beider künstlerischer Handschriften ist kein Sakrileg, sondern vielmehr eine Bereicherung, ein Dialog, ein Gespräch.
Malen heißt für Elle: Übermalen. Ein eigenständiges Werk der Malerei, etwa auf Leinwand, gibt es nicht. Der Vorwurf ist zunächst expressiv, jedoch nie pathetisch – und gelegentlich, wenn Fläche wird, greift die Zeichnung akzentuierend ein. Die metaphorischen Historienspektakel der Leipziger Schule mögen zwar Elles Hang zu Inhalt und Erläuterung nachhaltig flankieren, im Formalen hingegen regt sich Elles Aufbruch als jene Organisation des Eigenen, die Ebersbach an der Hochschule lehrte. Die frühe Dominanz der Grundfarben hat sich heute ins Pastose verschoben und Elles Diktion ist nunmehr umgänglicher und kooperativer dem tragenden Malgrund der Fotografie zugewandt.

Viele der Bilder, vor allem die frühen „Erleuchtungen", führen in geschlossene Räume, zumeist in Keller. Die Figur ist zwar zentral gesetzt, bleibt jedoch oft rudimentär und vage auf Beine, Hände oder Kopf beschränkt, ganz so, als verbrauche sich der Körper im Zuge der fotografischen Aufnahme in einer Weise, wie dies Nadar (d. i.: Gaspard Félix Tournachon; 1820-1910) über die Skepsis Balzacs (1799-1850) berichtet, der jeden Körper in einer bestimmten Anzahl sich überlagernder Schichten aufgehoben sah, weshalb „bei jedem Daguerrschen Prozeß eine der Schichten des Körpers, auf den er gerichtet war, abgelöst und verbraucht wird". Eine Reminiszens an eine Zeit, die

Tisch und Erkenntnis, 1991
Installation
Holz, Papier, Faden
80 x 500 x 390 cm

Realität und Bild kaum unterschied und uns mit Anmut aus dem Zirkel aufgeklärten Tuns in eine Welt entführt, die dem Abdruck des Realen eine weit höhere Materialität beimaß, als dies unser gesichertes Wissen heute erlaubt.

Klaus Elle erarbeitet seine Bilder vor geöffneter Kamera allein aus dem Spiel von Licht und Dunkel. Ganz ähnlich der Bildnerei eines Holzschneiders, der die Kontur des Druckes in Erhabenheit aus dem glatten Nichts der Tafel schält, schreibt Elle sein Bild ins formlose Dunkel der Kammer. Das Licht der Lampe macht sichtbar, überhöht Momente oder malt in freier Dichtung hinzu – ein kleiner Blitz hellt auf und gibt dort Raum, wo bisher allein Dunkel war – und wir sehen überrascht: Gliedmaßen durchbohren Wände, Hände bewegen sich über kalte Böden, mit einem Sprung duchschlägt ein Körper die Decke und bleibt doch als leibhaftiger Spuk im Raum zurück.
Beladen mit einem Berg menschlicher Hände zeugt eine Sackkarre wie von Geschichte und Gegenwart des Infernos, von der Möglichkeit des Schreckens überhaupt. Aus gekachelten Böden schimmern Gesichter, Liebe geschieht schemenhaft und der nackte Körper, liegend, stehend oder in aktive Positionen verstrickt, durchgeistert wie ein aufgeweckter Animismus das gefügt Reale. Elle stilisiert den Raum zum Existenzraum – und zwischen Stigma und Verkündigung zeigt sich die Welt durchstreift von Energien, deren Erkenntnis kaum greifbar sich in steten Wandlungen immer neu entzieht.

Die Kombination von Realem und Irrealem evoziert eine Bildstörung, die das Ereignis steigert und die meist braun getönten Abzüge in eine zeitlose Dynamik einspannen, der die Deutungen diesseits und jenseits objektiven Erlebens in wechselnden Möglichkeiten zuwachsen. Fraglich bleibt die Zielsetzung der vorgeführten Bewegung, die zwischen Aufbruch, Ausbruch und einem transitorischem Dazwischen jedenfalls von existentiellen Bedrängungen zeugt und mit weicher Entschlossenheit, wie ein Fluß, in Interferenzen, die eigene Hinderung umwirbt.
Der Aufbruch wird geübt, ob er gelingt, bleibt fraglich. Die einsam zwischen Mauern eingehauste Figur – ein wiederkehrendes Motiv in Elles Bildern – mag dem Drama persönlichen Erlebens geschuldet sein und ist doch sichtbar wirksam und effizient als Kürzel so empfundenen Seins.

Der Titel „Weltbilder" beschreibt eine Serie großformatiger Blätter, die, obwohl fotografisch erzeugt, von malerischer Anmutung sind und in Berührungen und Durchdringungen menschliches Sein in kaleidoskopischer Vielfalt vorführen. Sexuelle Lust geriert sich zwischen der Mutter Gottes und hochfliegender Gotik, ein Abbild natürlicher Knospung wird nicht fern vom Atompilz verhandelt und Massenvernichtungslager, Krieg, menschliche Föten, Spinnen und Schnecken als redende Zeichen und Heilige aus Stein avancieren zu Menetekeln einer Zivilisation, die im Rundblick vorgeführt wird. Elle übt sich in Betrachtungen, nicht in Verurteilungen – und sein Glaube an Erkenntnis als Moment des Wandels im Bewußten basiert auf dem Prinzip einer Hoffnung, die mit alchemistischer Beharrlichkeit und positiv orientiert dem Mysterium des Lebens auf Haupt- und Nebenwegen nachspürt.

Kleine Vererbungslehre, 1992
Installation
Besen, Schaufeln, Geräte,
Faden, Fotografien
190 x 400 x 50 cm

Großer Altar, 1991
Fotoskulptur
Holz, Metall, Fotografien
220 x 420 x 80 cm

Grenzgebiete, 1989-99
(2 Fotografien aus der Folge)
Fotografie, getont
50 x 60 cm

Verschlungen wie die Stränge unseres Hirns liegen Humanität und Destruktivität beeinander und Elle schöpft Bilder wie Metaphern, die nicht trennen sondern verbinden und vernetzen und damit der komplexen Struktur menschlichen Seins ein adäquates Gegenüber bilden. Ikonen gleich, mögen die Bildgründe in Trauer und Enttäuschung einer melancholischen Disposition den Raum liefern, daß der Aufschwung des Humanen hingegen den Mut zur praktizierten Erkenntnis braucht, ist ablesbar als Ziel einer Kunst, deren sinnstiftende Wirkung als rückwirkende Klärung im Persönlichen zwar einsetzt, doch diese Grenzen schnell übertrifft. Dabei ist Klaus Elle keiner jener Pathetiker, dem die Wirklichkeit einzig als Enttäuschung auflog und dem nun eine verquere Romantik geißelnd den Vorwand der Kunst diktiert, die dann in pastoraler Demut verbreitet wird.

Die Welt-Bilder sind wie Transparente in dunkle, hölzerne Kasten-Rahmen eingespannt. Genagelt, gewellt und bisweilen von Feuchte oder Trockenheit bewegt, erfahren die Blätter in der Intensität ihrer Verwerfung ein Volumen, das sensitiv und energiegeladen in den Raum ausgreift und dem organischen Wachstum der Kunst den Ausdruck im Material nachreicht.

Alle Bilder sind in Projektionen von zwei oder drei Fotos auf einer gemeinsamen Trägerschicht fixiert und in wechselnden chemischen Prozeduren überarbeitet. Der Einfall des Malerischen ist hierbei reaktiv, zeitversetzt von chemischen Substanzen generiert – und von Erfahrung und Können des gelernten Offsetretuscheurs in solcher Weise bestimmt, daß jeder Einfall des Zufalls kalkuliert in braun-rot-gelben Höhungen bestehen kann. Ein in der Fotografie Verwandter mag Johannes Brus (*1942) sein, während Elles hintergründige Aufladung an die frühe Begleitung von Micha Brendel (*1959) und Thomas Florschuetz (*1957) denken läßt.

Das Werk der neunziger Jahre ist reich an Installationen und Objekten, die, dem künstlerischen Ansatz Klaus Elles kongenial entsprechend, das Vokabular aus vielen Bereichen schöpfen und in den formalen Aufbau des Eigenen umsetzen. Während rostig-amorphe Flächen die heilige Dreifaltigkeit beleihen, schreiten andere Installationen, von den „Hoffnungsträgern" (1994/ 95) bis hin zum „Initiationsstuhl" (1996) und den „Zeichenstäben" (1995/96) in Anknüpfungen aus, die mit den Lehren von Wilhelm Reich (1897-1957) bis C. G. Jung (1875-1961) im Rücken, nach jenen Strukturen fragen, die unser So-Sein konditionieren und bestimmen. Sind die „Zeichenstäbe" jene funktionsmächtigen Decoder, die uns das Allerpersönlichste endlich hinmalen – oder müssen wir uns auch ferner mit dem Verweis auf Abgründe begnügen? Elle weiß: Hinter aller Wissenschaft lauert ein Mysterium, dessen Existenz sich nur paradox, allein im permanenten Entzug immer neu offenbart. Wie langweilig auch, das Diagramm der letzten Entdeckung. Keine Geschichte mehr, Gegenwart ohne Fiktion – traumlose Bröselei im Alltäglichen.

Ein oft wiederholtes Motiv ist die menschliche Hand. Zentral positioniert im „Großen Altar" (1991) oder im „Hand-Baum" (1996) wie ein Blätter-Wald gesetzt, wird hier ein Zeichen bedeutungsvoll zum Bild einer Kunst, die ihre Identität zunächst ganz traditionell in Verarbeitung und Mitteilung begreift. Die menschliche Hand macht und tut, fordert und schützt und ist in der Beschreibung des Menschlichen wirkungsmächtig wie kaum sonst ein Bild. Von der Hand zum Baum, von der Struktur einzelner Zellen bis hin zur „Planetenmühle" (1999) laboriert Elle im Organischen und bildet ein Netzwerk aus Bedeutungen, die auch dann, wenn sie extravagante Randlagen ausleuchten, dem Horizont seiner Kunst harmonisch eingewoben bleiben.

Vom „Hand-" zum „Lebensbaum" (1992) ist der Weg nicht weit. Damit wählt Klaus Elle ein Motiv, das in den Mythen vieler Völker, vom Ukkanûbaum der Assyrer bis hin zum drachenbewachten Baum der Hesperiden, der ein Apfelbaum war, lebt und schließlich im biblischen Lebensbaum, der inmitten des Paradieses wurzelt, seine Fortsetzung findet. <u>Die scheinbar unverwüstliche Kraft zur Dauer, die das Alter einiger Bäume ins Zeitlose dehnt, mag hier schon früh fasziniert und zur Geschichtenbildung angeregt haben</u>. Wer von der Frucht kostet, lebt immerfort. Klaus Elle ist als Fotograf und Maler ein in Bildern Denkender und wenn sich Natur in Anmut offenbart, findet gerade jene Suche, die unserem gängigen Wissen die verloren gegangene Mystifikation nachreicht, neuen Anschub.

Elles Lebensbaum ist einfach strukturiert: ein Stamm aus Holz trägt lediglich sieben Blätter aus fotochemischen Tafeln und mit einer metallischen Bodenplatte ist die Wurzel ins Horizontale verkürzt. Die Blatt-Tafeln zeigen mikro- und makroskopische Strukturen, vom feinnervigen Zellinneren bis hin zum planetarischen Überbau und führen damit die Zusammenhänge von Zeit, Lebenszeit und Unendlichkeit mit ästhetischem Gewinn in eigenen Konnotationen fort.

Des Künstlers Interesse an der immer neuen Definition des eigenen Befindens ist an den Serien der Selbstportraits deutlich ablesbar und reiht sich ein in eine Suche nach dem hintergründigen Wesen in der Vorstellung des eigenen Selbst und dessen Bezügen zur Welt, die von der Malerei Max Beckmanns (1884-1950) bis hin zu den Videos Bruce Naumanns (*1941) ein vor allem im 20. Jahrhundert oft wiederholtes Interesse fand.

Klaus Elles Grundlage auch hier: Die Realität der Fotografie. Ein Vorwurf, ein Transportmittel, das in den wechselnden Einfällen von Strich und Fläche einer neuen Erscheinung entgegenwächst und konsequent auf die Betrachtung des Kopfes beschränkt bleibt. Die Übermalung höht und transportiert eine Geschichte in Schichtungen, die im Grunde gegen das Motiv ankämpft und im Durcheinander von Malerei und Fotografie ein Miteinander jener Zeichen-Schöpfung vorführt, die Elles Suche nach Welt begleitet und ausmacht. Nirgends sonst im Werk ist soviel Wandel in der Verwandlung, die einer Parade der eigenen Möglichkeiten gleichkommt und gelegentlich ins Dekorative ausblüht. Ein farbenfroher Pointillismus steigert sich mit impressionistischer Lust bis hin zum goldenen Wiener Überwurf – oder steht dem diametral entgegen, wenn das Porträt im Dunkel der Tusche erstirbt und dem Frohsinn der Pastellfarben hierin ein bohrendes Gegenüber ist.

Hinter allen Aufzügen steht der Künstler selbst, teilweise oder auch komplett übermalt, entlarvend maskiert und in der Vorstellung einer immanenten Bewußtseinslandschaft befangen, die seismografisch nach innen, auf Suche und Orientierung in einer Welt zerfliegender Perspektiven, verweist – <u>wohl wissend, daß jede Erkenntnis des Fremden die eigene Bewegtheit voraussetzt</u>.

Die Anatomie (dreiteilig), 1992
Fotoskulptur
Matratze, Fotografie
120 x 90 x 25 cm

o. T., 1997
Fotoskulptur
Glas, Diapositive
50 x 60 cm

Enno Kaufhold
Klaus Elle
Erkenntnisse aus dem Kosmos

Nur wenige Künstler bedienen sich wie Klaus Elle mit solcher Unbedarftheit der verschiedensten künstlerischen Ausdrucksmittel und lassen im scheinbaren Widerspruch dazu zugleich soviel selbstquälerisches Ringen um Einsichten, Wahrheiten und Erkenntnisse spüren. „Sehnsucht nach Erkenntnis" nannte er nicht zufällig eine seiner letzten Ausstellungen, obwohl er damit einen Begriff wählte, der heute unzeitgemäß klingt. Er paßt, wie die vorschnelle Einschätzung sein könnte, eher in das 19. Jahrhundert, als es noch opportun war, Kunst und Erkenntnis in einem Atemzug zu nennen wie der Kunsthistoriker Conrad Fiedler, der 1876 schrieb: „Der künstlerische Trieb ist ein Erkenntnißtrieb, die künstlerische Thätigkeit eine Operation des Erkenntnisvermögens, das künstlerische Resultat ein Erkenntnisresultat." Diese Kunstauffassung war, als sie niedergeschrieben wurde, Postulat wie Wunschdenken zugleich. Wie wir heute wissen, verflüchtigte sich der Erkenntnistrieb in der Kunst zunehmend. Ging es beim Erkennenwollen zu Fiedlers Zeit noch um ganzheitliche Einsichten, so haben wir es heute, wenn überhaupt, nur noch mit partikularen Erkenntnisbemühungen und -aussagen zu tun. Die Kunst hat sich zu einem Bereich entwickelt, der sich vornehmlich aus sich selbst speist, und in den Wirklichkeit und das Erkennen von Wirklichkeit nur noch in homöopathischen Dosen vordringt. So besehen kann Klaus Elles Suche, seine Sehnsucht nach Erkenntnis – und die existiert bei ihm ja nicht erst seit gestern, sondern hat sein künstlerisches Werk von Anbeginn an ausgezeichnet – als Ausdruck eines nostalgischen Kunstverständnisses mißverstanden werden, als ein unzeitgemäßer Versuch, künstlerische Wertigkeiten des 19. Jahrhunderts zu rekonstituieren. Doch ist dem wirklich so?

Seit längerem beschäftigen Klaus Elle die bildhaften und greifbaren Facetten des Unbewußten und folgerichtig haben die Schriften der Psychologen für ihn eine besondere Bedeutung erlangt. Wichtige Impulse kamen von Carl Gustav Jung. Während dessen Vorgänger und Lehrer, Sigmund Freud, das Unbewußte noch primär aus den menschlichen Triebstrukturen erklärte und das individuelle Unbewußte als Form der Verdrängung und des Vergessens untersuchte, entwickelte C. G. Jung erweiterte Vorstellungen eines kollektiven Unbewußten, für dessen Wirken er die Mythologie, Mystik, Alchemie und Astrologie heranzog und sie den Urerfahrungen der Menschheit zuordnete. Sowohl die Aspekte des individuell Unbewußten, aber mehr noch die des kollektiven Unbewußten durchdringen das Werk von Klaus Elle, insbesondere in seinen „Weltbildern". In ihnen mischte er visuelle Erscheinungen aus Primitivkulturen mit modernen Bildern sowie solchen aus dem Mikro- und Makrokosmos, um dadurch Vorstellungen des kollektiven Unbewußten wachzurufen.

Entwicklungsraum, 1995/96
Installation
Textilien mit eingenähten Farbfotografien, Orgonakkumulator, Holzstelen, Licht
250 x 400 x 400 cm

Erleuchtungen, 1987-2000
(aus der Folge „Erleuchtungen")
Fotografie
50 x 60 cm

So erinnert unter seinen Objekten der Initiationsstuhl mit einem Ensemble aus Stelen an die Riten der Urvölker ebenso wie an das rituelle Einführen in einen Geheimbund. Die in den Stuhl und die Stelen ein-

gelassenen Fotografien von Mikro- und Makrostrukturen verweisen auf Universalgesetzmäßigkeiten, auf das, was den Kosmos – wieso und wie auch immer – zusammenhält, und sie stellen als solche einen Bezug zum kollektiven Unbewußten her. Neben dem Initiationsstuhl gehören die in jüngster Zeit entstandenen „Evolutionsikonen" in diesen Kontext. Hier erscheinen die in Folien gefaßten Fotografien wie zu groß geratene Amulette. Sie lassen sich zwar nicht mehr als Schutz- und Kraftspender am Hals tragen, in ihrer Bildhaftigkeit stellen sie aber eine Verbindung zu solchen Kulturen her, in denen Amulette magische Kräfte besaßen.

Ein weiteres Mal hat Klaus Elle in jüngster Zeit die Serie seiner „Erleuchtungen" erweitert, in denen wir ihn und andere Personen in realen Räumen agieren sehen, allerdings in geisthaften Erscheinungsformen, die zwischen Realität und Fiktion, Sein und Schein schwingen. Auf einer dieser neuen Fotografien erkennen wir Klaus Elle vielgesichtig so, als hätte er von seinen verschiedensten Gesichtsausdrücken Gipsabgüsse gemacht und diese in Reih und Glied neben und übereinander aufgehängt. Das Motiv erinnert an Adolf Menzels in der Hamburger Kunsthalle befindliche Gemälde einer Atelierwand mit Totenmasken und rudimentären Körperteilen. 1872 gemalt, lag dessen Realisation vier Jahre vor der Veröffentlichung des Fiedlertextes, und insofern trennen das Gemälde und der Text rund 125 Jahre von Klaus Elle. Während Menzels Gemälde als Allegorie des Lebens mit deutlichem Verweis auf dessen Vergänglichkeit gedeutet werden kann (im Zentrum der Totenmasken und Körperglieder hängt der Torso einer jungen Frau sowie der eines Mannes), erscheint uns Klaus Elle in der besagten Fotografie in unterschiedlichsten Masken. Hier zeigt sich – sofern man dieses Kunstwerk in das Netz einer Theorie einbinden will – eine Beziehung zum Rollenspiel in der Theorie von C. G. Jung. Nach dessen Auffassung nehmen solche Menschen, die kein psychologisches Unterscheidungsvermögen haben, an, daß sie immer gleich seien, das sei aber – so Jung – eine zu große Rolle. Was wir vom Individuum sehen, sei die Persona. „Wir sind", wie Jung schrieb, „lauter Hülsen, nur Oberflächen, und wir haben sehr schwache Vorstellungen davon, was darin ist." Den Ausweg aus der Gefahr, neurotisch zu werden, sah er in dem bewußten Spiel von Rollen und damit dem Anerkenntnis vielschichtiger Psyche.

Zu diesem Spiel mit Rollen und psychischer Vielfalt gehören die von Klaus Elle überarbeiteten großformatigen Fotoporträts, die im letzten Jahr entstanden sind. In einer Serie hat er sein eigenes Konterfei und in einer zweiten Serie die Gesichter älterer Frauen und Männer fotografiert. Wie schon in früheren Arbeiten – und für ihn typisch – hat er die Vergrößerungen mit Farben und Wachsstiften überarbeitet. Unverkennbar reihen sich die eigenen Konterfeis in die traditionsreiche Kette künstlerischer Selbstbildnisse ein, wie sie aus der Kunstgeschichte bekannt sind, und entsprechend ist das Thema mit Theorien und Deutungen, Analysen und Interpretationen aufgeladen. Für die neuen Arbeiten von Klaus Elle scheint wesentlich zu sein, und das gilt ähnlich für die Bildnisse der alten Frauen und Männer, daß er beim Wechsel von der reinen Fotografie, also dem grauwertigen Fotopapier, in den malerischen Bereich über das Oszillieren zwischen Selbsterkenntnis

Lebens-Baum, 1992
Fotoskulptur
Holz, Metall, Fotografie
250 x 130 cm

und Rollenspiel hinaus eine nur dem freien Farbauftrag erreichbare Dimension anspricht. Um C. G. Jungs Bild der Hülsen aufzugreifen, die nur Oberflächen sind, zeigen die reinen Fotografien vordergründig diese Hülsen, die zwar auch interpretationsfähig sind und damit aussagekräftig, mit den Farben und den Ausformungen neuer figurativer Motive verlagert sich der Blick jedoch deutlicher hinter die Hülsen. Die figurativen Erweiterungen wie die Farben in ihren ureigenen emotionalen Wirkungen führen den Bildbetrachter auf konkretere, oder wenigstens andere Pfade. Klaus Elle kommentiert die Porträts gewissermaßen auf einer zweiten Ebene, aus der unmittelbaren Betroffenheit bei den Selbstporträts und mehr interpretierend und assoziativ bei den Altersbildern.

<u>Klaus Elle gehört nicht zum Mainstream aktueller Kuns</u>t. Doch verkörpern seine künstlerischen Arbeiten den zwingenden dialektischen Gegenpol zu dem, was heute marktfähig, im Dekorativen leicht verdaulich und im Einerlei des Art-Entertainments gut konsumierbar ist. Die Fragen nach dem „Wer bin ich", „Woher komme ich" und dem „Warum" mögen für den Augenblick in der Kunst obsolet erscheinen, längerfristig bleiben sie virulent. Die Suche geht weiter, die künstlerischen Arbeiten dokumentieren den Weg wie die Möglichkeiten, sind Setzung wie Frage zugleich. Gegenwart wird sich weiterhin aus Vergangenheit und Zukunft konstituieren. Und als was anderes können Klaus Elles Arbeiten begriffen werden, denn als künstlerische Synthesen aus Rück- und Vorausblick. Klaus Elle ist der moderne homo ludens, der mit Materialien, mit Bildern, mit alten und neuen Objekten, mit Farben, Formen und allem spielt. „Natürlich, alles ist auch nur Spiel", schrieb er 1991, „eitel, zwanghaft, aber auch voll notwendiger Bestimmtheit. Die kunstvolle Suche nach der Wahrheit und Sinn. <u>Die Wirklichkeit hat unsagbar viele Ebenen.</u>" Und indem er für sich über Jahre den Blick in den Kosmos gerichtet und nach verborgenen Erkenntnissen gesucht hat, schuf er mit der Zeit selbst einen Kosmos. Keinen astralen, den Voyager oder andere hochtechnische Sonden durcheilen und vermessen können, sondern einen künstlerischen Kosmos, der sich streng fügt und dessen gestalterische Form aus seiner ganz individuellen Handschrift erwachsen ist.

Und die Erkenntnis in der Kunst, wie sie Conrad Fiedler formulierte? Sie gründete sich auf die Hybris des 19. Jahrhunderts, menschlicher Geist könne sich die Natur nach Belieben untertan machen. „Der Unterwerfungskampf, den der forschende Mensch mit der Natur eingeht, macht ihn", wie Fiedler noch fest glaubte, „zum wissenschaftlichen Beherrscher der Welt." <u>Heute nehmen Menschen immer noch Einfluß auf die Natur, aber der Glaube an die grenzenlose Beherrschbarkeit versiegte mit Hiroshima, Nagasaki, Tschernobyl und geringeren Katastrophen.</u> Von dieser Hybis kann keine Rede mehr sein, auch nicht bei Klaus Elle. Und es ist bei ihm auch nicht mehr die unmittelbare Natur, wie noch zu Fiedlers Zeit, sondern die erweiterte, der Kosmos, das Universum. Wenn er sich noch im Geiste der Erkenntnis mit Fiedler trifft, dann in dessen Ansicht: <u>„Nichts anderes thut der Künstler, als in seiner Welt das Werk vernünftiger Gestaltung zu vollbringen, worin das Wesen jeder Erkenntnis besteht."</u> Dieser Satz hat, wie uns Klaus Elle durch sein künstlerisches Werk wissen läßt, nichts von seiner Gültigkeit verloren.

Erleuchtungen, 1987-2000
(2 Fotos aus der Folge „Erleuchtungen")
Fotografie
50 x 60 cm

Erleuchtungen, 1987-2000
(aus der Folge „Erleuchtungen")
Fotografie
50 x 60 cm

Erleuchtungen, 1987-2000
(aus der Folge „Erleuchtungen")
Fotografie
50 x 60 cm

Erleuchtungen, 1987-2000
(aus der Folge „Erleuchtungen")
Fotografie
50 x 60 cm

Erleuchtungen, 1987-2000
(aus der Folge „Erleuchtungen")
Fotografie
50 x 60 cm

Erleuchtungen, 1987-2000
(aus der Folge „Erleuchtungen")
Fotografie
60 x 50 cm

Erleuchtungen, 1987-2000
(aus der Folge „Erleuchtungen")
Fotografie
60 x 50 cm

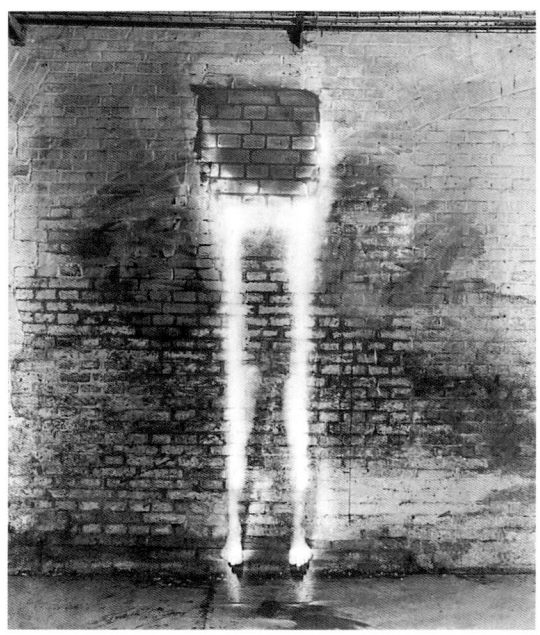 

Erleuchtungen, 1987-2000
(aus der Folge „Erleuchtungen")
Fotografie
60 x 50 cm

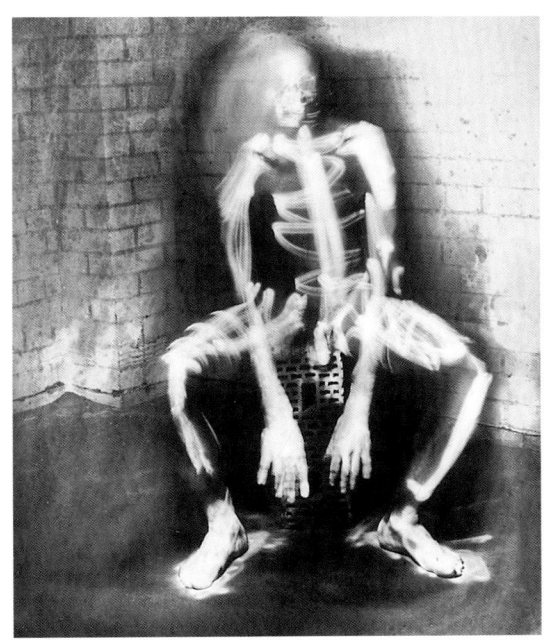 

Erleuchtungen, 1987-2000
(aus der Folge „Erleuchtungen")
Fotografie
60 x 50 cm

Erleuchtungen, 1987-2000
(aus der Folge „Erleuchtungen")
Fotografie
50 x 60 cm

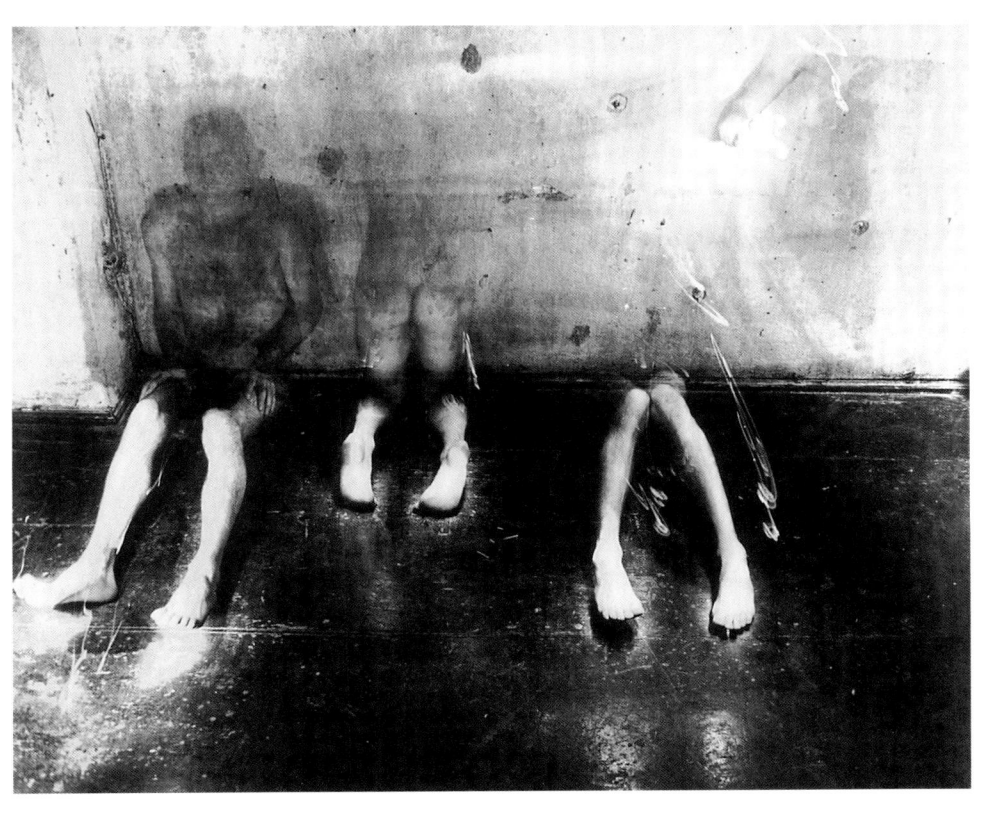

Erleuchtungen, 1987-2000
(aus der Folge „Erleuchtungen")
Fotografie
50 x 60 cm

Erleuchtungen, 1987-2000
(aus der Folge „Erleuchtungen")
Fotografie, übermalt
50 x 60 cm

Erleuchtungen, 1987-2000
(aus der Folge „Erleuchtungen")
Fotografie, übermalt
60 x 50 cm

Erleuchtungen, 1987-2000
(aus der Folge „Erleuchtungen")
Fotografie, übermalt
60 x 50 cm

 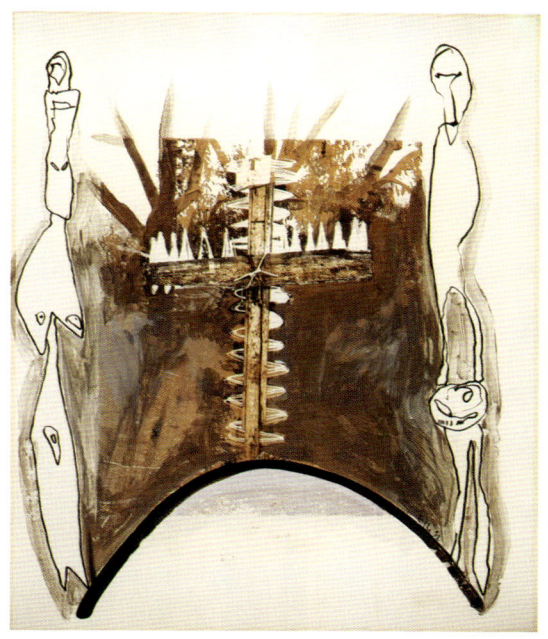

Erleuchtungen, 1987-2000
(aus der Folge „Erleuchtungen")
Fotografie, übermalt
60 x 50 cm

Erleuchtungen, 1987-2000
(aus der Folge „Erleuchtungen")
Fotografie, übermalt
60 x 50 cm

Erleuchtungen, 1987-2000
(aus der Folge „Erleuchtungen")
Fotografie, übermalt
60 x 50 cm

Erleuchtungen, 1987-2000
(aus der Folge „Erleuchtungen")
Fotografie, übermalt
60 x 50 cm

Erleuchtungen, 1987-2000
(aus der Folge „Erleuchtungen")
Fotografie, übermalt
60 x 50 cm

Das Andere ist in uns, 1987
Fotografie, überzeichnet
100 x 70 cm

Reizende, 1982
Fotografie, überzeichnet
100 x 70 cm

o. T., 1987
Fotografie, überzeichnet
70 x 100 cm

Kreisin, 1981
Fotografie, überzeichnet
100 x 70 cm

Portraits, 1999
(aus einer Folge von 12 Arbeiten)
Fotografie, überzeichnet
100 x 70 cm

Portraits, 1999
(aus einer Folge von 12 Arbeiten)
Fotografie, überzeichnet
100 x 70 cm

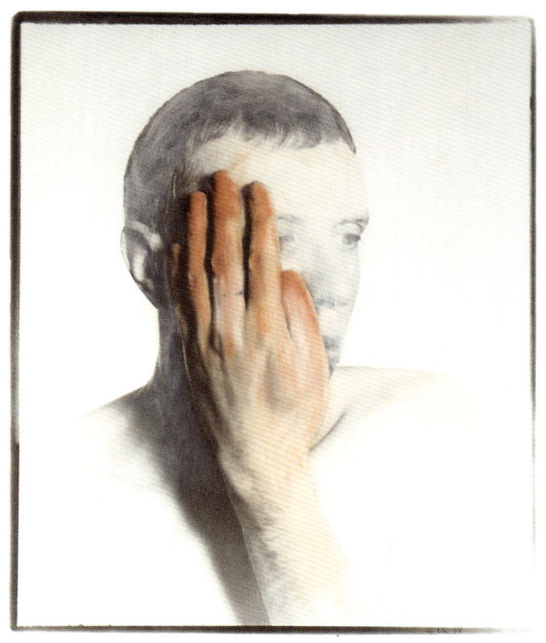

Selbstportraits, 1999
(aus einer Folge von 14 Arbeiten)
Fotografie, überzeichnet
60 x 50 cm

Selbstportraits, 1999
(aus einer Folge von 14 Arbeiten)
Fotografie, überzeichnet
60 x 50 cm

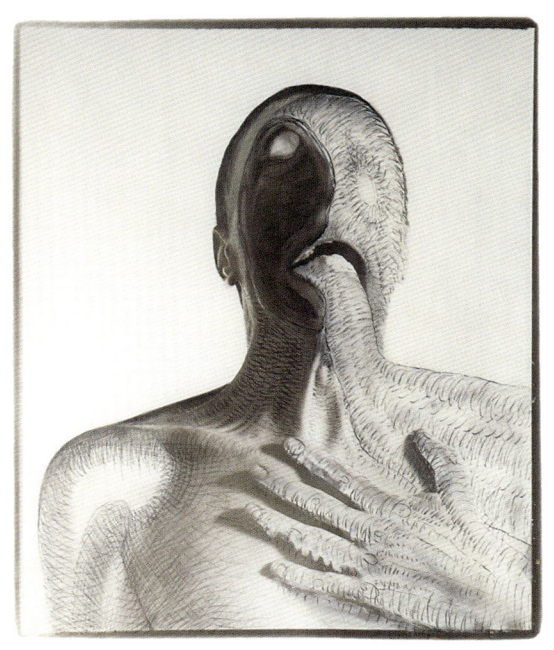

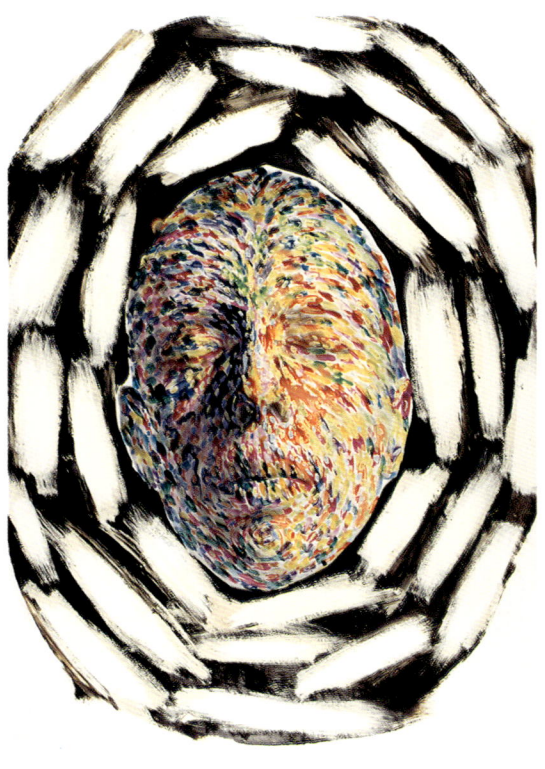

Selbstportraits, 1999
(aus einer Folge von 14 Arbeiten)
Fotografie, überzeichnet
100 x 70 cm

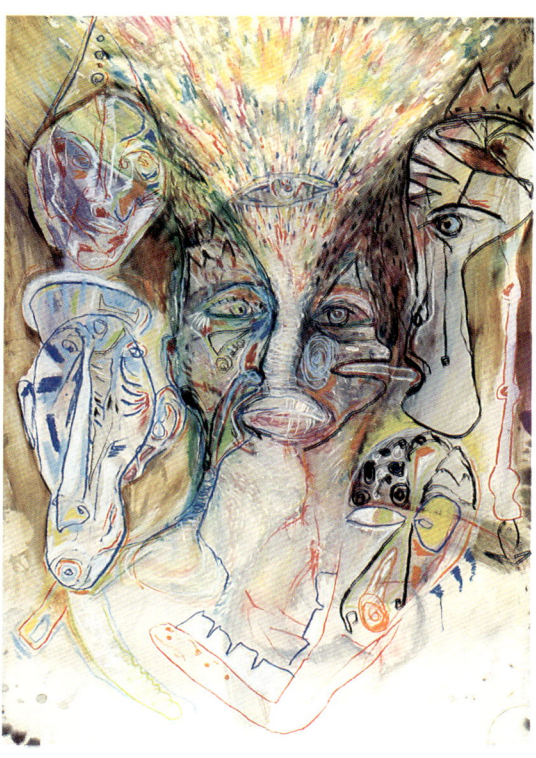

Selbstportraits, 1999
(aus einer Folge von 14 Arbeiten)
Fotografie, überzeichnet
100 x 70 cm

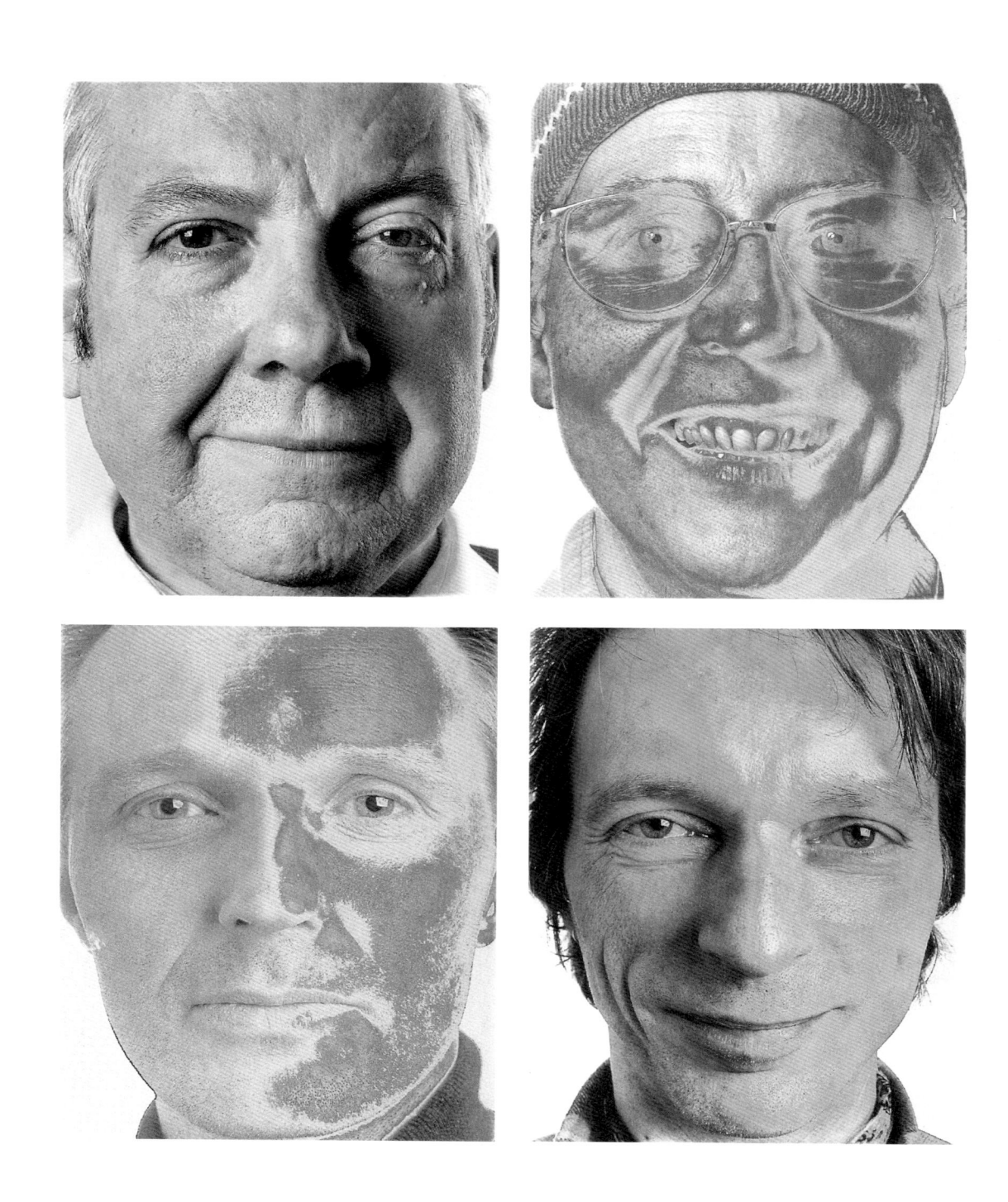

Bleichgesichter, 1995
(aus einer Folge von 24 Arbeiten)
Fotografie, teilweise getont
60 x 50 cm

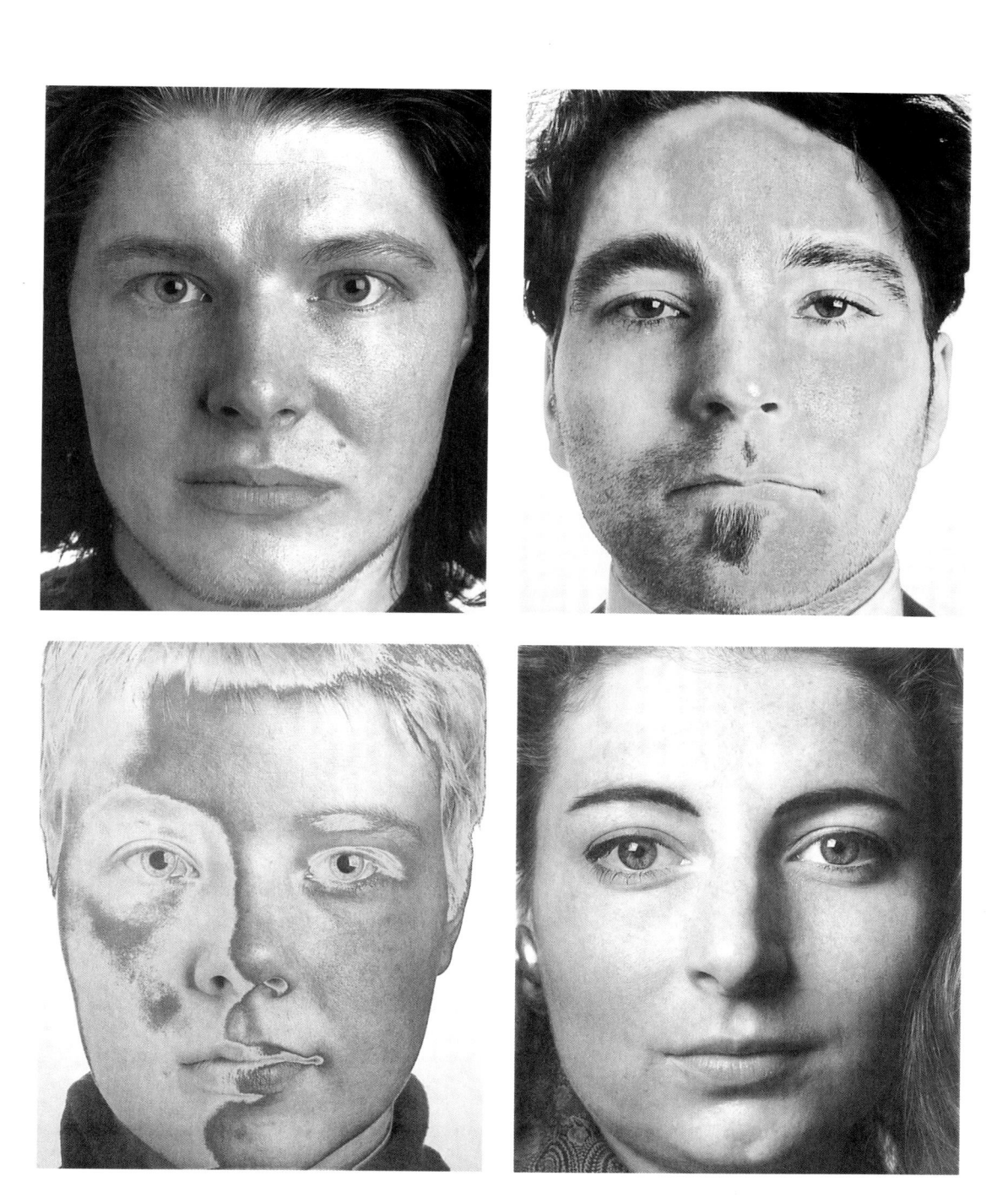

Bleichgesichter, 1995
(aus einer Folge von 24 Arbeiten)
Fotografie, teilweise getont
60 x 50 cm

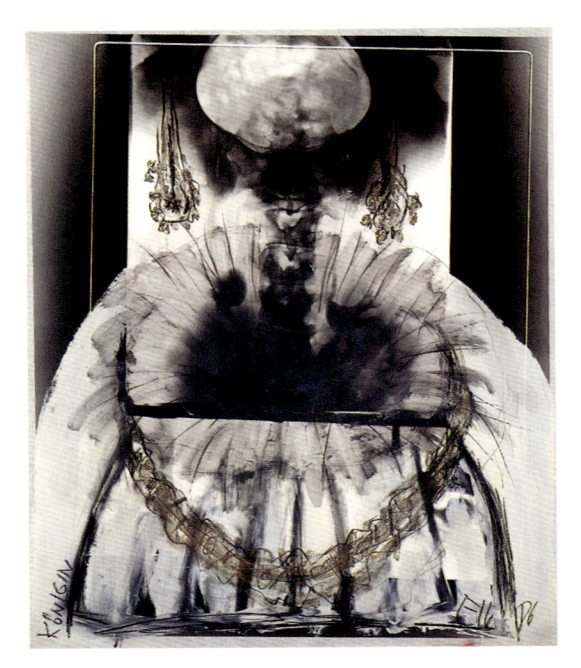

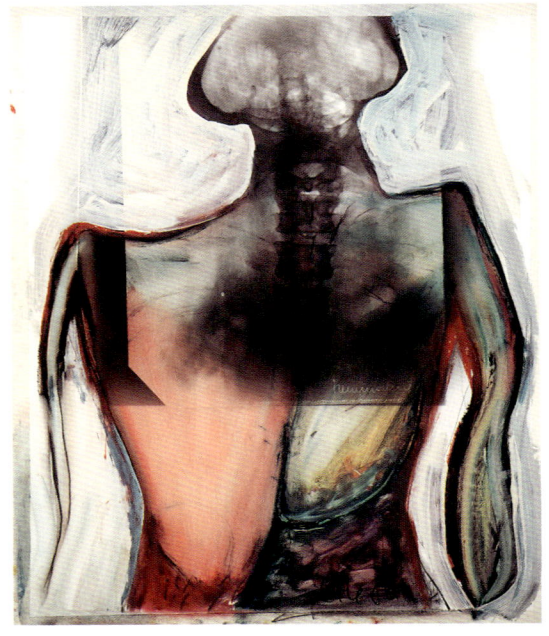

Röntgenbilder, 1983-88
(aus einer Folge von ca. 20 Arbeiten)
Röntgenbild, übermalt
60 x 50 cm

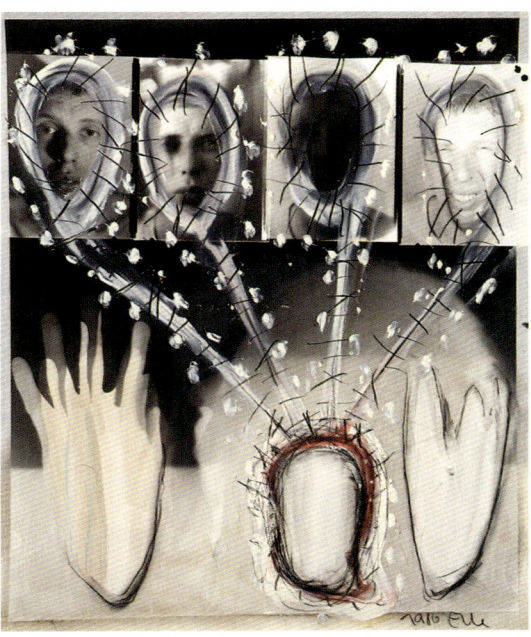

Röntgenbilder, 1983-88
(aus einer Folge von ca. 20 Arbeiten)
Röntgenbild, übermalt
60 x 50 cm

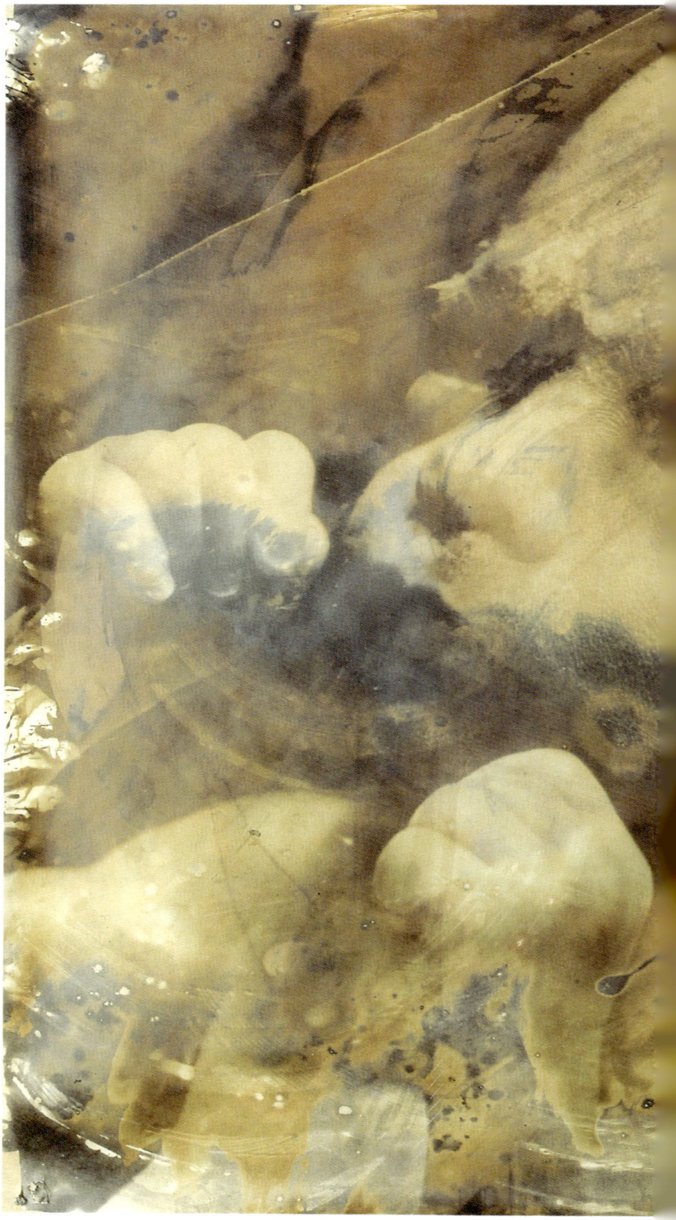

Weltbilder, 1991-95
(aus einer Folge von 50 Arbeiten)
Fotografie, getont, gebleicht und teilweise überzeichnet
100 x 200 cm

Weltbilder, 1991-95
(aus einer Folge von 50 Arbeiten)
Fotografie, getont, gebleicht und teilweise überzeichnet
100 x 200 cm

Weltbilder, 1991-95
(aus einer Folge von 50 Arbeiten)
Fotografie, getont, gebleicht und teilweise überzeichnet
100 x 200 cm

Weltbilder, 1991-95
(aus einer Folge von 50 Arbeiten)
Fotografie, getont, gebleicht und teilweise überzeichnet
100 x 200 cm

Weltbilder, 1991-95
(aus einer Folge von 50 Arbeiten)
Fotografie, getont, gebleicht und teilweise überzeichnet
100 x 200 cm

Weltbilder, 1991-95
(aus einer Folge von 50 Arbeiten)
Fotografie, getont, gebleicht und teilweise überzeichnet
100 x 200 cm

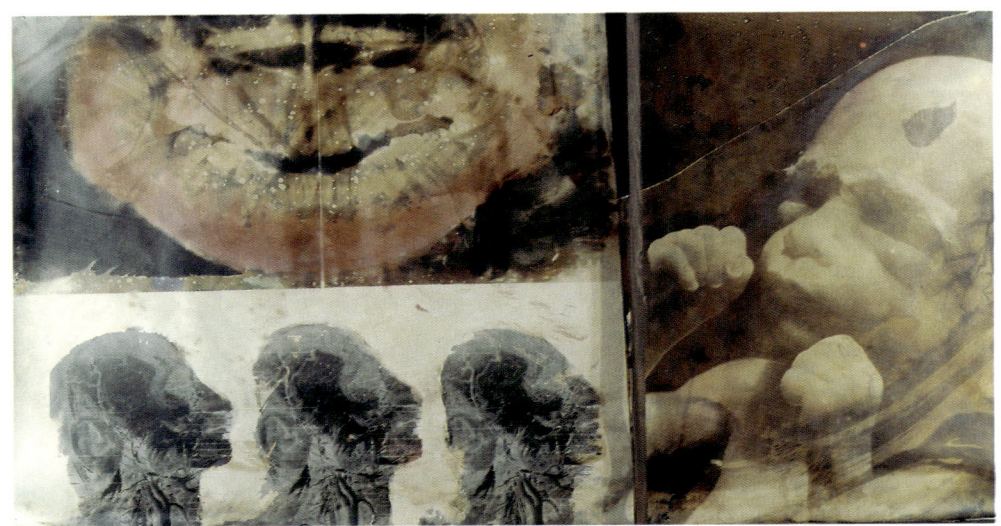

Weltbilder, 1991-95
(aus einer Folge von 50 Arbeiten)
Fotografie, getont, gebleicht und teilweise überzeichnet
100 x 200 cm

Vom Sinn des Leidens, 1998
Fotoskulptur
Glas, Diapositive, Holz, Pappe, Licht, Motor
70 x 70 x 120 cm

Sündenentwerter, 1993
Fotoskulptur
Stahl, Transparentfolie, Holz, Signalhorn
300 x 250 x 80 cm

Die Zelle, 1993
Fotoinstallation
Stahl, Filz, Fotografien, Licht
250 x 250 x 250 cm

Geist und Materie, 1992
Fotoinstallation
Sackleinen, Fotografien, Acrylglas, Eisenkarre
500 x 400 x 150 cm

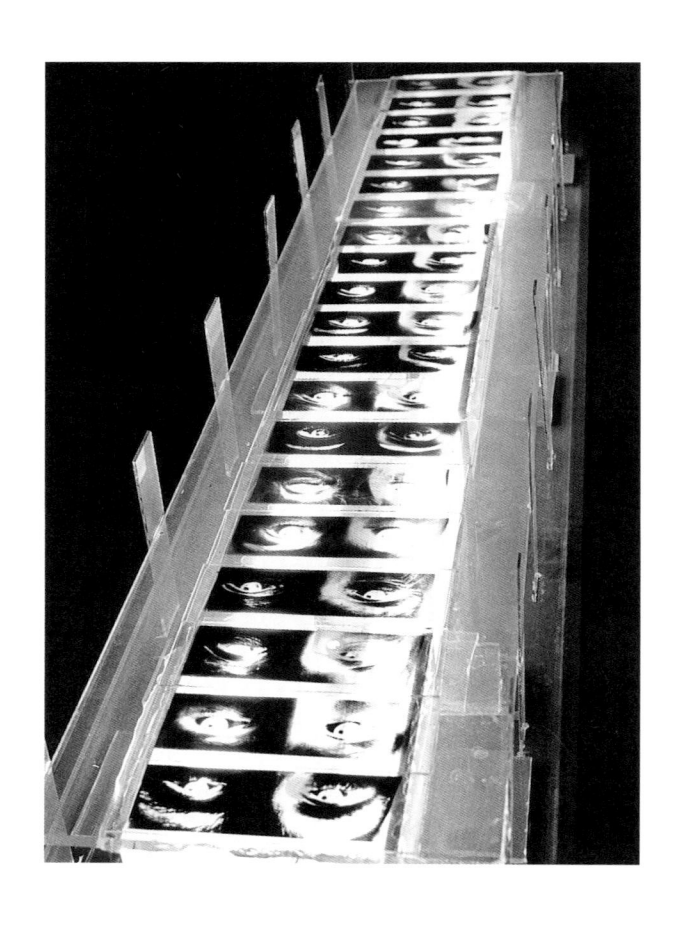

Augenlicht, 1999
Fotoskulptur
Glas, Diapositive, Licht, Metall
250 x 80 x 40 cm

EnergieMuster (Ausschnitt), 1998
Fotoinstallation
Haare, Filz, Wolle, Diapositive, Glas, Metall
180 x 45 cm

Evolutionsrahmen, 1995
Fotoinstallation
Holz, Fotos, Leinen, Zangen
250 x 250 cm

Die Insekten, 1991
Fotoskulptur
Metall, Federkern, Fotos auf Emulsion, Licht
250 x 250 cm

Zeichenkasten, 1990
Wandinstallation
Holz, Fotografien, Fäden
300 x 300 cm

Katalog der ausgestellten Arbeiten

1.
Erleuchtungen, 1987-2000
30 Arbeiten aus der Folge „Erleuchtungen"
Fotografie
50 x 60 cm

2.
Erleuchtungen, 1987-2000
10 Arbeiten aus der Folge „Erleuchtungen"
Fotografie
70 x 100 cm

3.
Erleuchtungen, 1987-2000
10 Arbeiten aus der Folge „Erleuchtungen"
Fotografie, übermalt
50 x 60 cm

4.
Selbstportraits, 1999
10 Arbeiten aus der Folge „Selbstportraits"
Fotografie, überzeichnet
60 x 50 cm

5.
Bleichgesichter, 1995
10 Arbeiten aus der Folge „Bleichgesichter"
Fotografie, teilweise getont
60 x 50 cm

6.
Röntgenbilder, 1983-88
10 Arbeiten aus der Folge „Röntgenbilder"
Röntgenbild, übermalt
60 x 50 cm

7.
Weltbilder, 1991-95
6 Arbeiten aus einer Folge von 50 Fotografien
Fotografie, getont, gebleicht und teilweise überzeichnet
100 x 200 cm

8.
Evolutionsrahmen, 1995
Fotoinstallation
Holz, Fotos, Leinen, Zangen
250 x 250 cm

9.
Projektionsverstärker, 1999
Skulptur
Metallgestelle, Diaprojektoren, Spiegelkugel, Motor
190 x 300 x 80 cm

10.
Planetenmühle, 1999
Fotoskulptur, kinetisch
Glas, Fotografie, Motor, Samen, Jagdwurst
180 x 90 x 30 cm

11.
Initiationsstuhl, 1999/2000
Installation
Metall, Holz, Fotografie, Glas
240 x 280 x 350 cm

12.
Die Schöpfung, 1988
Skulptur, kinetisch
Eisenwanne, Wasser, Glas, Getriebemotor, Diaprojektion
150 x 90 x 300 cm

13.
Mutationsikonen, 1996
10 Arbeiten aus der Folge
Mischtechnik
Fotografie, Metall, Filz
ca. 30 x 40 cm

14.
Finnisches Fototagebuch, 1995
Folge von 35 Bildern
Fotografie, überzeichnet
24 x 30 cm

15.
Das Andere ist in uns, 1987
Fotografie, überzeichnet
100 x 70 cm

16.
Reizende, 1982
Fotografie, überzeichnet
100 x 70 cm

17.
o. T., 1987
Fotografie, überzeichnet
70 x 100 cm

18.
Kreisin, 1981
Fotografie, überzeichnet
100 x 70 cm

19.
Sündenentwerter, 1993
Fotoskulptur
Stahl, Transparentfolie, Holz, Signalhorn
300 x 250 x 80 cm

20.
Energiewandler, 1998
Fotoskulptur
Glas, Metall, Wolle, Diapositive
190 x 60 cm

Bibliographie
(EK = Einzelkatalog, KB = Katalogbeteiligung)

1988
Angehaltene Zeit. Fotografien aus der DDR (KB)

1990
Ausgebürgert aus der DDR 1945-1989. Staatl. Kunstsammlungen Dresden, Hg. von Werner Schmidt (KB)

1991
ELLE. Fotoarbeiten und Objekte. Fotoforum Böttcherstraße, Bremen (EK).
New Space of Photography. East-West Photoconference. Hg. von Jerzy Olec, Wroclaw (KB)

1992
Mesiac Fotografie – Monat der Fotografie. Hg. von Judita Csaderova und Vaclav Macek, Bratislava (KB).
Nichts ist so einfach wie es scheint. 40 Jahre Ostdeutsche Fotografie. Berlinische Galerie, Berlin. Hg. von Ulrich Domröse (KB)

1993
Focus 92. Aneignung von Wellen. Herausgegeben vom Museum für Kunst und Kulturgeschichte, Dortmund (KB)

1994
Das persönliche Dokument. Fototagebücher. Neue Gesellschaft für Bildende Kunst, Berlin (KB)

1995
1992-1995 Erworben. Hg. vom Sächsischen Staatsministerium für Kultur. Dresden, 1995 (KB).
Fabrique d'Histoire. Saaremaa Biennale, Tallin (KB)

1996
Otto Dix Preis 1996. Kunstsammlungen Gera. Hg. von Ulrike Rüdiger (KB).
1. Ars Baltica. Triennale der Photokunst. Herausgegeben von Enno Kaufhold. Schleswig/Berlin, 1996 (KB).
Die Einübung der Aussenspur. Die andere Leipziger Kultur 1971-1990. Thom Verlag, Leipzig (KB)

1997
Lust und Last. Leipziger Kunst seit 1945.
Germanisches Nationalmuseum und Museum der Bildenden Künste, Leipzig (KB).
Im Doppelpack. Elfie Fröhlich – Klaus Elle. Fotoarbeiten und Installationen. Galerie am Fischmarkt, Erfurt (KB).
ELLE. Biografische und künstlerische Zäsuren. Hg. von Fritz Franz Vogel und Klaus Elle. Verlag mit dem Pfeil im Auge. Hamburg/Wädenswil, Schweiz (EK).
Hamburg-Marseille. Menschenbilder aus Hamburg. Hg. vom Arbeitskreis Fotografie, Hamburg (KB).
Signaturen des Sichtbaren. Galerie am Fischmarkt, Erfurt. Hg. von Kai-Uwe Schierz und Klaus Honnef (KB)

1999
Klaus Elle. Weltbilder. Verlag mit dem Pfeil im Auge, Wädenswil, Schweiz. Katalog zur gleichnamigen Ausstellung in der Staatlichen Galerie Moritzburg, Halle/ Saale (EK)

Biographie

1954
in Leipzig geboren

1970-72
Lehre als Offsetretuscheur

1974-76
Fotograf für Lehre und Forschung an der Technischen Hochschule Leipzig

1976-81
Studium der Fotografie bei Prof. Joachim Jansong an der Hochschule für Grafik und Buchkunst

1981-83
Meisterstudium für experimentelle Malerei bei Heinz Wagner und Hartwig Ebersbach

ab 1981
freischaffend tätig

1988
Übersiedlung mit der Familie nach Hamburg

Seiher verschiedene Lehraufträge, Work-shops und Vorträge im In- und Ausland

Ausstellungen und Projekte

1984
Leipzig, Galerie Wort+Werk: Ausstellung von Fotoübermalungen und Performance „DI-A-KTION" mit dem Gitarristen Joe Sachse, Diaprojektionen, Film und Aktionsmalerei

1985
Dresden, Galerie Mitte: Beteiligung an der Ausstellung „Junge Fotografen der 80er Jahre". Fototheoretischer Text: Fotografische Erfahrungen

1986
Leipzig, Galerie Eigen+Art: „Meine Sprache der Fotografie" (Fotoprojekt) + „Dunkelkamerrevue", Performance

1987
Bremen, Fotoforum: Ausstellung von Fotoübermalungen.
Leipzig, Galerie Eigen+Art: Gemeinschaftsprojekt „kopfüber" (mit Thomas Florschuetz und Micha Brendel)

1988
Zürich, raum f: Meine Sprache der Fotografie

1990
Lafayette: Ausstellungsbeteiligung mit Röntgenübermalungen.
USA, Purdue University Gallery: Röntgenübermalungen

1991
Bremen, Fotoforum, Museum für Fotografie und Zeitkunst: Ausstellung von Fotografien und Objekten.
Wroclaw: Teilnahme an der OST-WEST Fotokonferenz mit mehreren Objekten.
Hamburg, PPS Galerie F.C. Gundlach: Fotoarbeiten und Objekte

1992
Köln, Galerie Barthel+Tetzner: „Die Macht der Vergangenheit", Fotografien und Objekte.
Berlin, Gropius-Bau: Beteiligung an „Nichts ist so einfach wie es scheint – 40 Jahre Ostdeutsche Fotografie".
Jyväskylä (Finnland): „LUMO 2", Ausstellung und Projekt mit Baldessari, Starn-Twins, u.a. Foto-Objekte.
Bratislava (Slowakei): Deutscher Beitrag zum „Monat der Fotografie", Fotografien und Objekte.
Los Angeles, Jan Turner Gallery: Ausstellungsbeteiligung mit Gerhard Richter und Eva-Maria Schön, Fotografien

1993
New York, Penine Hart Gallery: Beteiligung an der Ausstellung „Bodily", Fotografien aus der Folge „Erleuchtungen".
Chemnitz, Galerie Oben: „WELT-BIIDER", Fotografien und Objekte.
Berlin, Galerie Vier: Ausstellung mit Ute Weiss-Leder, Installationen+Fotografien.
Leipzig, Galerie der Hochschule für Grafik und Buchkunst: „100 Jahre Abteilung Fotografie", Fotografien und Objekte

1994
Charleroi (Belgien), Musée de la photographie: Fotografien aus Sachsen, Fotos aus der Folge „Erleuchtungen".
Berlin, Neue Gesellschaft für Bildende Kunst: Ausstellung „Fototagebuch" mit der „FOTO-BIO-GRAFIE".
Wroclaw, Galerie Foto-Medium-Art: Fotografie.
Berlin, studio bildende kunst: Beteiligung an der Ausstellung „Suche", Fotografie, Fotoskulpturen, Installationen

1995
Paris, Goethe-Institut, Galerie Conde: Fotografie und Objekte.
Kodak-Förderpeis

1996
Schleswig/Berlin, Ars Baltica. Triennale der Fotokunst: Beteiligung mit „Entwicklungsraum", Fotografie und Installation.
Hamburg, Museum für Kunst und Gewerbe: „Die Vergangenheit liegt vor uns", Fotografien und Objekte

1997
Dresden, Helsinki, Tallin, Odense und Warschau, Ars Baltica, Triennale der Fotokunst: Fotografie und Installationen.
Erfurt, Galerie am Fischmarkt: Im Doppelpack. Elfie Fröhlich – Klaus Elle. Fotoarbeiten und Installationen

1998
Köln, Galerie Lichtblick: Fotografien aus der Serie „Weltbilder" und Foto-Objekte.
Erfurt, Galerie am Fischmarkt: Signaturen des Sichtbaren – Deutsche Fotografie. Beteiligung mit Arbeiten aus der Folge „Erleuchtungen"

1999
Berlin, Galerie des Kunstvereins Herzattacke: Ausstellung mit Jörg Waehner und Frank Herrmann, Foto-Objekte.
Halle/ Saale, Staatliche Galerie Moritzburg, Landeskunstmuseum Sachsen-Anhalt: Klaus Elle. Weltbilder

2000
Berlin, Galerie des Kunstvereins Herzattacke: Sehnsucht nach Erkenntnis, Ausstellungsprojekt

Werke in öffentlichen und privaten Sammlungen

Berlin, Berlinische Galerie, Landesmuseum für Moderne Kunst, Photographie und Architektur

Cottbus, Brandenburgische Kunstsammlungen

Dresden, Staatliche Kunstsammlungen Dresden, Kupferstich-Kabinett

Halle. Staatliche Galerie Moritzburg

Hamburg, Museum für Kunst und Gewerbe

Hamburg, Sammlung F.C. Gundlach

Helsinki, Suomen Valokuvataiteen Museo (The Photographic Museum of Finnland)

Köln, Museum Ludwig

Leipzig, Museum der Bildenden Künste

New York, Sammlung Robert Frank

Rotenburg an der Wymme, Sammlung Schnakenwinkel

Impressum

Dieser Katalog erscheint anläßlich der Ausstellung
„Klaus Elle. Erleuchtungen"
vom 9. Juli bis 10. September 2000
in der Galerie im Stadtmuseum Jena.

Herausgeber
Städtische Museen Jena

Ausstellung und Katalog
Erik Stephan

Texte
Dr. Enno Kaufhold, Berlin
Erik Stephan, Jena

Fotos
Klaus Elle, Hamburg

Lithos
Scanhouse Hans Herr, Höllrich

Satz und Druck
Gutenberg Druckerei Weimar

Buchbinderei
Franziska Pucher, Langenwetzendorf

Schrift
Helvetica light

Papier
ClaudiaStarPro 170g/qm

Auflage
300

ISBN 3-930128-40-3

Für die Förderung von Ausstellung und Katalog
bedanken wir uns beim Thüringer Ministerium für Wissenschaft,
Forschung und Kultur in Erfurt.

© 2000. Herausgeber, Künstler und Autoren

Städtische Museen Jena
Galerie im Stadtmuseum
Markt 7. 07743 Jena
Tel. 036 41-443 245, 443 275; Fax 036 41-443 245

HandBaum, 1996
Fotoskulptur
Fotografien auf Holztafeln, Filz, Metall
250 x 160 cm

.